LES PRÉVISIONS MÉTÉO

LE VENT

Un livre de la collection
Les racines de Crabtree

DOUGLAS BENDER

CRABTREE
Publishing Company
www.crabtreebooks.com

Soutien de l'école à la maison pour les parents, les gardiens et les enseignants

Ce livre aide les enfants à se développer grâce à la pratique de la lecture. Voici quelques exemples de questions pour aider le lecteur ou la lectrice à développer ses capacités de compréhension. Les suggestions de réponses sont indiquées en rouge.

Avant la lecture

- De quoi ce livre parle-t-il?
    - *Je pense que ce livre explique comment le vent est créé.*
    - *Je pense que ce livre parle des mouvements du vent.*

- Qu'est-ce que je veux apprendre sur ce sujet?
    - *Je veux apprendre comment le vent est créé.*
    - *Je veux apprendre comment le vent aide à faire voler les choses.*

Pendant la lecture

- Je me demande pourquoi...
    - *Je me demande pourquoi je ne peux pas voir le vent.*
    - *Je me demande pourquoi je peux entendre le vent.*

- Qu'est-ce que j'ai appris jusqu'à présent?
    - *J'ai appris que l'air chaud et l'air froid créent le vent.*
    - *J'ai appris que le vent aide les gens à faire voler des cerfs-volants.*

Après la lecture

- Nomme quelques détails que tu as retenus.
    - *J'ai appris que les vagues sont créées par le vent.*
    - *J'ai appris que le vent est fait d'air.*

- Lis le livre à nouveau et cherche les mots de vocabulaire.
    - *Je vois le mot* ***chaud*** *à la page 6 et le mot* ***cerf-volant*** *à la page 11. Les autres mots de vocabulaire se trouvent à la page 14.*

Wouuuh! Peux-tu entendre le vent?

Le vent est fait d'air.

L’air **chaud** monte
dans le ciel.

L’air **froid** descend au sol.

C'est pourquoi le vent bouge autour de nous.

Le vent permet de faire voler un **cerf-volant**!

Le vent peut aussi créer des **vagues** dans l'eau.

Liste de mots

Mots courants

au
aussi
autour
bouge
dans
de
des
descend
est
faire
fait
le
monte
nous
permet
peux
pourquoi
tu
un
vent
voler

La boîte à mots

cerf-volant

chaud

froid

vagues

46 mots

Wouuuh! Peux-tu entendre le vent?

Le vent est fait d'air.

L'air **chaud** monte dans le ciel.

L'air **froid** descend au sol.

C'est pourquoi le vent bouge autour de nous.

Le vent permet de faire voler un **cerf-volant**!

Le vent peut aussi créer des **vagues** dans l'eau.

CRABTREE
Publishing Company

Auteur : Douglas Bender
Conception : Rhea Wallace
Développement de la série :
James Earley
Correctrice : Janine Deschenes
Conseils pédagogiques :
Marie Lemke M.Ed.
Traduction : Annie Evearts
Coordinatrice à l'impression :
Katherine Berti
Références photographiques :
Shutterstock : Theodore Trimmer : couverture; Kateryna Mashkevych : p. 1; SingerGM : p. 3; Brian A. Jackson : p. 5; Vadym Laura : p. 6-7, 14; Chalermpon Poungpeth : p. 9; Olesia Bilkei : p. 10, 14; Rileysmithphotography : p. 12, 14

LES PRÉVISIONS MÉTÉO

LE VENT

Crabtree Publishing Company
www.crabtreebooks.com 1-800-387-7650

Publié aux États-Unis
Crabtree Publishing
347 Fifth Avenue
Suite 1402-145
New York, NY, 10016

Publié au Canada
Crabtree Publishing
616 Welland Ave.
St. Catharines, Ontario
L2M 5V6

Imprimé au Canada/062021/CPC

Catalogage avant publication de Bibliothèque et Archives Canada
Titre: Le vent / Douglas Bender ; texte français d'Annie Evearts.
Autres titres: Wind. Français.
Noms: Bender, Douglas, auteur.
Description: Mention de collection: Les prévisions météo | Les racines de Crabtree | Traduction de : Wind. | Comprend un index.
Identifiants: Canadiana (livre imprimé) 2021026974X | Canadiana (livre numérique) 20210269758 | ISBN 9781039606777 (couverture souple) | ISBN 9781039606838 (HTML) | ISBN 9781039606890 (EPUB) | ISBN 9781039606951 (livre numérique avec narration)
Vedettes-matière: RVM: Vents—Ouvrages pour la jeunesse. | RVMGF: Documents pour la jeunesse.
Classification: LCC QC931.4 .B4614 2022 | CDD j551.51/8—dc23